AF309451

Mœurs et Coutumes KABYLES

Prix : 1 franc

MŒURS ET COUTUMES
KABYLES

MŒURS

ET

COUTUMES

KABYLES

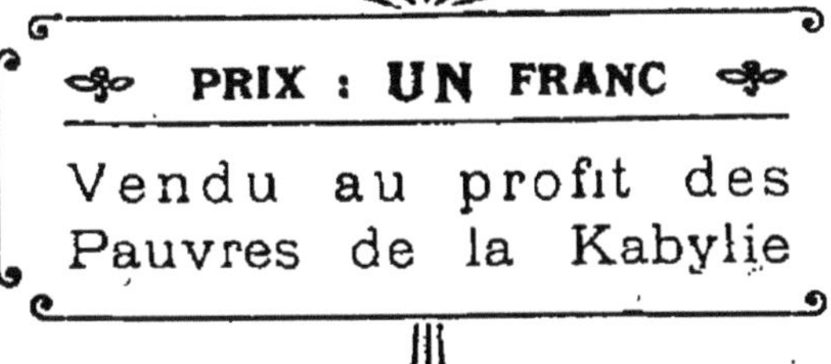

MONTPELLIER

IMPRIMERIE DE LA MANUFACTURE DE LA CHARITÉ

PIERRE-ROUGE

1905

Avant-Propos

Les habitants de l'Europe ont intérêt à ce que la région comprise entre la Méditerrannée, l'Océan et le Sahara, retrouve son ancienne fertilité.

Cette fertilité reviendra, en partie, si, par des travaux intelligents, nous amenons les pluies à devenir moins rares.

L'aggravation de la sécheresse, sur les bords de la Méditerranée et dans la partie septentrionale du continent africain, contribue à rendre le climat de l'Europe de plus en plus sec.

Ce qui prouve qu'il en est ainsi, c'est que le Danube et les fleuves du sud de la Russie sont en décroissance depuis environ 60 ans.

Depuis que la France occupe l'Algérie, il y a de cela 75 ans, le Nord de l'Afrique tend à s'améliorer, malheureusement pendant cette même période, rien n'a été fait en vue d'améliorer le climat des pays qui entourent le Golfe de Lion, cependant nous n'avons plus à craindre les pirates qui infectaient les côtes de l'Espagne et de la France.

Voici ce que M. Charles Lenthéric, ingénieur des Ponts-et-Chaussées, dit, dans son ouvrage : *Les villes mortes du Golfe de Lion.*

« Notre littoral est depuis deux mille ans en décadence. »

De Marseille à Port-Vendres, sauf à Cette, c'est-à-dire sur 300 kilomètres de côté, rien n'est préparé, en vue de permettre à de forts navires, de venir chercher un abri s'ils sont surpris par le mauvais temps ou s'ils ont des avaries.

Lorsque par un beau soleil, le voyageur pénètre dans la belle rade d'Alger il a en face de lui le massif grandiose du Djurdjura.

Ce massif d'une longueur de 60 kilomètres, dominant la mer de 2300 mètres, force les nuages, venant de la direction de Gibraltar, de s'arrêter en partie; il en résulte que les montagnes de la Kabylie, situées en arrière du Djurdjura, reçoivent une forte proportion d'humidité. Cette humidité serait plus abondante si les pentes du Djurdjura étaient mieux boisées. La Kabylie ayant une belle végétation est pour l'Algérie une véritable Suisse, et de même que la Suisse, cette région a le précieux avantage de nourrir une population active, intelligente, aimant le travail et fournissant des soldats aussi intrépides qu'infatigables.

Il y a cinq ans un officier français, qui commandait des tirailleurs, nous disait : « Je ne « sais ce que je dois le plus admirer chez les « soldats kabyles ou leur dévouement pour « leurs chefs ou leur endurance. »

Dans ces dernières années les soldats kabyles ont donné des preuves de leur endurance, non seulement pendant l'expédition de Madagascar, mais aussi dans celle plus pénible du Sud-Algérien.

Nous avons le devoir de nous intéresser à ceux qui rendent de si grands services à la mère patrie.

La Kabylie forme un immense amoncellement de montagnes schisteuses enchevêtrées ou pour mieux dire séparées les unes des autres par des gorges profondes; la circulation, jusque dans ces dernières années ne s'effectuait que par des sentiers très étroits; il faut créer des routes pour permettre aux kabyles d'écouler plus facilement leurs produits; mais il faut surtout leur faciliter le moyen d'avoir des maisons plus grandes, plus saines et ayant au moins deux pièces au lieu d'une seule.

Il faut enfin les engager à prendre de notre civilisation ce qu'elle a de bon.

Les Européens doivent donner constamment de bons exemples.

Malheureusement beaucoup de Français agissent comme si Dieu n'existait pas! Par là, ils se présentent sans l'auréole méritant le respect de tout homme même sauvage.

Les Kabyles et les Arabes ne peuvent s'empêcher de dire :

« Si les Français sont parvenus à nous vain« cre, sans qu'ils mettent leur confiance en « Dieu, nous pouvons bien les imiter. »

Il en résulte que l'indigène, ne croyant pas en Dieu, est plus à redouter que celui qui observe la religion de Mahomet.

Les Kabyles portent en été comme en hiver le même costume, il serait à désirer qu'ils fussent assez riches pour posséder plusieurs costumes et pour qu'ils eussent des maisons plus vastes et plus saines.

La maison kabyle ne comprend le plus souvent qu'une seule pièce, Les habitants logent avec les bœufs ou avec les animaux qu'ils élèvent. Lorsqu'ils sortent le fumier ils le font sécher dans la petite cour qui précède la seule porte qui donne un peu de jour et d'air à leur habitation. Parce que, comme ce fumier est destiné à être transporté dans les champs, en le plaçant dans un panier en osier ; mis sur le dos des femmes ; si ce fumier était trop liquide il salirait les vêtements des porteuses.

Cette manière de traiter les engrais est dangereuse au point de vue de l'hygiène.

L'eau a une grande importance dans la vie des femmes kabyles, car les villages étant situés sur les crêtes de montagnes schisteuses, très en pente, les fontaines sont au-dessous et à des distances de 400 à 800 mètres. Le transport de l'eau par l'intermédiaire des femmes, exige un travail long et pénible.

Les sources de la Kabylie, devraient être moins exposées à être souillées.

Chaque village devrait avoir une source pour la boisson, et une deuxième pour les autres usages.

Si une eau simplement vaseuse ou terreuse ne donne pas toujours la fièvre typhoïde aux indigènes, une eau contaminée peut la donner.

Il faut avoir vécu pendant quelque temps en Kabylie, pour se rendre compte des causes diverses, qui exercent une influence sur la santé des habitants.

En ce qui concerne la marche des fièvres paludéennes, nous tenons à citer les remarquables travaux faits par M. Ficher, professeur de géologie à la Faculté des sciences d'Alger, et les remarques faites par les Pères Blancs de l'ordre de Mgr Lavigerie. Depuis plusieurs années, les Pères Blancs habitent divers centres de la Kabylie et ils ont étudié, avec succès, les causes qui ont une influence sur les populations de ce pays que les Français doivent chercher à améliorer.

Voici comment M. Ficher explique la marche des miasmes, même sur des montagnes élevées :

La belle chaîne du Djurdjura, a une hauteur de 2 300 mètres, et, nous l'avons dit, une longueur de 60 kilomètres; elle a sa direction de l'est à l'ouest. Entre cette haute chaîne, qui est formée par du calcaire, il existe un vaste massif schisteux très découpé, composé par une infinité de crêtes s'enchevêtrant les unes dans les autres.

La hauteur de ces crêtes varie entre 600 et 1 000 mètres. Dans le fond des vallées profondes et étroites qui entourent ces diverses crêtes, des eaux, venant en partie de la chaîne du Djurdjura, ne cessent de circuler et, comme ces eaux proviennent de la fonte des neiges, elles sont froides et donnent naissance à des vapeurs qui, après s'être réunies, montent progressivement tout le long des pentes schisteuses.

Lorsque sur le passage de ces vapeurs il se trouve des terrains récemment labourés, ces vapeurs s'imprègnent de miasmes qui finissent par atteindre dans leur marche ascendante, les abords des villages et, comme autour de ces villages, il existe des fumiers, aux miasmes venant de la plaine viennent se joindre des miasmes prenant naissance dans des milieux qui leur sont favorables.

Les Kabyles, privés à la fois d'une nourriture substantielle, mal garantis par les vêtements insuffisants contre les variations brusques de la température, et vivant dans des logements peu salubres, se trouvent dans des conditions exceptionnelles pour absorber les germes de la fièvre. Aussi, selon les saisons et les années, la fièvre et d'autres maladies font des ravages dans les villages kabyles.

Les Kabyles sont, comme l'a si bien dit le grand explorateur du centre de l'Afrique, M. de Brazza, les enfants de saint Augustin.

Les habitants de ce pays ont été d'excellents chrétiens et tout fait espérer qu'ils retrouveront dans l'avenir la foi de leurs premiers parents.

Nous terminerons cette note en disant que dans les villages de la Kabylie, il y a des instituteurs français qui, tout en faisant ai- aimer la France, leur donnent en même temps que l'instruction des notions d'agri- culture.

Les lignes qui suivent nous ont été inspirées par un ecclésiastique de la Kabylie qui, par sa situation et son dévouement au service des musulmans, est très à même de connaître la vérité sur la Kabylie.

Jules Maistre.

Mœurs et Coutumes
KABYLES

Ce qu'on entend par Kabyles ou Berbères

On donne ordinairement le nom de Kabyles ou Berbères à tous les indigènes de l'Afrique du Nord qui ne sont pas Arabes. D'après certains historiens, les Berbères représentent toutes les races aborigènes de l'Algérie croisées du Lybien, du Carthaginois, du Vandale, du Romain, du Gaulois ou Italien auxiliaire des Romains, en un mot, de tous les envahisseurs, qui successivement s'établissaient dans ce pays et qui, pour échapper aux nouveaux conquérants, se réfugiaient dans les montagnes. — Aussi le Kabyle, en général, est montagnard. Les Kabyles du Djurdjura, du Babor

et de Cherchell, les Chaouïas de l'Aurès. les
Mzabiles et les Oued Zenatias des Oasis' du
Sahara, les Touaregs du Désert, les Riflains du
Maroc et les Kroumirs de Tunisie appartien-
nent à la race Berbère.

Pour juger des fruits d'un arbre, il suffit d'en
goûter un seul, de même, pour juger de toutes
les populations Berbères, si répandues en
Afrique, il suffira d'en étudier une seule, par
exemple celle du Djurdjura, puisque la vie so-
ciale et morale de tous les Berbères est sensi-
blement la même. Leur langue non plus n'offre
pas beaucoup de différence : ainsi le langage
des Touaregs ne serait qu'un idiome parent de
celui du peuple du Djurdjura.

Quelques qualités et défauts du peuple kabyle du Djurdjura

Pour avoir une idée exacte des qualités et
des défauts du Kabyle du Djurdjura, il faut le
considérer chez lui et en dehors.

Chez lui, il est assez gai, sobre, économe,
complaisant, hospitalier autant que l'Arabe,
plus actif que lui.

En dehors, loin d'être mou et paresseux
comme l'Arabe, il est vif, énergique, travail-
leur, endurant et brave sur le champ de ba-
taille, comme on l'a vu dans les conquêtes de

Madagascar et du Thouat. Il est, de plus, curieux et cherchant à se rendre compte de tout ce qu'il voit,

A côté de grandes qualités, le Kabyle a ses défauts, comme tout le monde. On peut lui reprocher d'avoir une conscience par trop élastique, d'être inconstant, susceptible, irascible et vindicatif. Il est, en outre, processif et il ne recule devant aucun moyen même deshonnête pour gagner son procès. Il est superstitieux, il redoute les malédictions de ses marabouts et il agit souvent sous l empire de cette crainte.

Mais le mobile le plus ordinaire de ses actes, surtout quand il est chez lui, est le qu'en dirat-on de ses compatriotes. La solidarité qui unit les membres de son *soff* (parti) est telle que le Kabyle semble avoir abdiqué son indépendance, et qu'il agit moins selon sa conscience que suivant l'avis du soff. C'est ce qui explique pourquoi un Kabyle, riche ou pauvre, trouve de suite autant de faux témoins que l'exigent les besoins de sa cause.

Famille kabyle

Le Kabyle est sédentaire. Il a sa maison làhaut dans les montagnes, sur un piton abrupt; car les villages kabyles couronnent souvent les crêtes servant de contreforts au Djurdjura.

Cette maison, couverte en tuile ou en terre, est bien close et contient toute la famille; bêtes et gens. Elle n'a qu'une porte, seule ouverture capable de donner au réduit de l'air et de la lumière. Un mur d'un demi-mètre, s'élevant au-dessus du sol, sépare les gens des bestiaux. C'est là que se trouvent son grain et son huile, dans différents vases en terre, scellés à la muraille. C'est là que se trouve son trésor avec les bijoux de sa femme, dans un ou deux coffres carrés, aux vives couleurs, aux serrures de cuivre, garnis de clous dorés aux angles. C'est là son chez soi.

Aussi, malgré la rusticité de cette habitation, il y est attaché par toutes les fibres de son cœur : là, ont vécu ses pères, là, il vivra lui-même, si la famille n'est pas trop nombreuse ; et même dans de dernier cas, il ira habiter sous un toit aussi voisin que possible de sa demeure paternelle.

Chez lui, le chef de maison commande, la femme obéit; s'il a des frères, ceux-ci lui doivent également obéissance et c'est lui qui tient la bourse commune jusqu'au partage des biens. Sa femme a droit de commander aux autres femmes de la maison. Mais elle ne mange jamais avec son mari ; c'est après celui-ci que vient son tour de prendre son repas. Elle ne doit pas saluer son mari qui revient du voyage;

elle doit le servir avec dévouement et respect ; elle l'écoute parler et mêle rarement sa voix à la sienne.

Là jeune femme kabyle a toujours à côté d'elle sa vieille (*tamr'art is*) qui est chargée de la surveiller : c'est sa mère ou sa belle-mère. Dans ce cas, la vieille sert d'intermédiaire aux deux époux qui ne se parlent pas directement,

Le Kabyle est monogame, ayant une autorité absolue sur la femme qu'il achète. Il peut la répudier à son gré et sans cérémonie et la condamner à un cruel isolement en lui interdisant de se remarier.

Heureusement le code français, depuis quelque temps, tend à remplacer le code musulman dans le but de favoriser le sort de la femme.

Cependaut, même d'après le Qanoun ou droit kabyle, la femme n'est pas tout à fait la chose du mari : si elle est injustement maltraitée par celui-ci, elle peut se mettre en insurrection (*tamnáfeqt*) et aller trouver auprès de ses parents un refuge inviolable.

Dans la famille, l'autorité passe du père au fils aîné et, en l'absence du premier, il a toute autorité dans la maison. Quant à la mère, son autorité n'est guère reconnue et ses enfants lui refusent non seulement obéissance mais encore respect.

Nourriture

La nourriture principale du Kabyle est le *couscouss*. Le couscouss est du grain de blé ou d'orge moulu soit dans un moulin à eau soit dans le petit moulin à bras que possède chaque maison. Pour s'acquitter de ce dernier travail assez dur, la femme kabyle a recours à une voisine, quitte à lui rendre à son tour le même service. Puis elle pétrit la farine et la réduit en petites boulettes dans un plat assez large (*tarbouit*) en la passant dans un crible (*ar'erbal*). La farine ainsi réduite en petites boulettes est mise dans un vase (*aseksout*) dont le fond est percé de petits trous. Ce vase est placé sur une marmite où se fait le bouillon (*merqa*). La vapeur du bouillon passant par les petits trous de l'aseksout opère la cuisson du couscouss. Il est évident que meilleur est le bouillon, meilleur est le couscouss.

Dans l'alimentation kabyle entrent encore la galette, sorte de pain plat d'orge ou de blé (*ar' roum*) en forme de disque, des figues sèches (*tazzart*), le vermicelle (*tagzart*), de petits pains de forme cylindrique, cuits dans le bouillon (*fediroqsoul*), etc.

Le beurre est employé dans la cuisine kabyle mais l'huile y entre de telle sorte qu'on

peut dire qu'il n'y a pas de mets kabyle préparé sans huile.

N'étaient le vice et le manque d'hygiène, la
nourriture kabyle sobre, simple et économi-
que serait assez forte pour préparer des hommes vigoureux et bien portants.

S'il y a des hôtes, la viande apparaît en assez
bonne quantité sur le plat de couscouss, car le
Kabyle ne recule devant aucune dépense pour
recevoir dignement ses hôtes. Il invite ceux-ci
à se ranger autour du plat et prend le premier
sa cuiller, en disant : « *Bismillah !* » « Au nom
de Dieu ». Dès lors, le silence le plus complet
règne pendant tout le repas. Si l'un des hôtes
cesse de manger, le chef de famille doit jurer
qu'il continuera de manger. L'hôte obéit, prend
encore quelques cuillerées et jure à son tour
qu'il est rassasié. Il abandonne alors sa cuiller.
La même cérémonie a lieu pour tous les autres.
Le chef de famille doit être le dernier à laisser
sa cuiller; quand il a cessé de manger, il ouvre
les mains et prononce la prière de la Fatsih'a.
Tous les hôtes, leurs mains ouvertes, font cette
prière en même temps que lui (*tsar'en Imaarouf*)
mais la Fatsih'a n'a lieu que dans les grandes
circonstances.

Dans les noces, dans les fêtes religieuses, etc.
le Kabyle semble oublier sa sobriété ordinaire
et est obligé, les jours d'après, d'avoir recours
aux remèdes.

Boisson

Bien que les Kabyles, qui fréquentent les Européens s'habituent sans peine à boire non-seulement du vin mais encore des liqueurs, néanmoins l'eau est la boisson ordinaire du Kabyle. C'est très rare que chez lui, toujours à cause du respect humain, il boive autre chose que de l'eau.

Pour porter l'eau, on se sert de peaux de bouc, de cruches ou même de vieux bidons de pétrole. C'est la femme qui va la prendre soit à la fontaine du village soit à une mare voisine (le Kabyle n'est pas délicat pour l'eau).

C'est là, avec la préparation du couscouss et le tissage du burnous, une des grandes occupations de la femme kabyle. On peut encore ajouter que c'est sa plus grande distraction; car, comme cela arrive dans beaucoup de tribus, elle n'a droit de quitter la maison que pour aller à la fontaine. Aussi peut-on dire que si la tajmaht est le rendez-vous des hommes, la fontaine du village est celui des femmes.

Habillement

Les hommes ont une chemise de cotonnade ou de laine grossière appelée la *Gandoura*, et un manteau à capuchon, le *Burnous*. Ils ont pour coiffure une calotte entourée parfois d'un mouchoir ou d'un morceau d'étoffe légère autour duquel s'enroulent des cordons faits en poils de chameau. En été, ils se défendent contre le soleil avec un grand chapeau de paille vaste comme un parasol. La bonne habitude de porter le *sarouel*, sorte de pantalon court mais large, se répand petit à petit. Quant aux chaussures, elles sont diverses : le pauvre a des espèces d'espadrilles en peau de bœuf ou en alfa tressé, le riche a des souliers sans lacets.

Le costume de la femme se compose d'un mouchoir qu'elle porte sur la tête (*timh'aremt*), d'une *gandoura*, d'un *haïek* ou *tah'aïekt*, sorte d'étoffe de coton ou de laine qui fait deux ou trois fois le tour du corps, agrafé sur la poitrine ou sur les épaules ; si cette étoffe est en coton, on l'appelle *lizar* ou *timlh'aft*, si elle est en laine, on l'appelle *tah'aïekt*, celle-ci est retenue à la taille par une ceinture *(abaggous)*. Quelquefois une mante de coton (*eddil*) ou de laine (*alemdil*) couvre le derrière du corps tandis qu'une autre étoffe *(lfôdda)* couvre le devant.

Quand elle ne va pas pieds nus, elle a pour chaussures un brodequin ou bas de cuir lacé, piqué de soie de couleur, de maroquin rouge (*tirih'aït*). Elle porte aux poignets des bracelets d'argent, de cuivre, de corne ou de bois noir travaillé et traîne aux cous-de-pied des anneaux d'argent ou tout aux moins argentés.

Etudes islamiques chez les Kabyles

Dans chaque village, il y a deux monuments : la *tajmaht* et la *Djamma* ou mosquée. La *tajmaht* est un lieu où se réunissent les adultes, c'est-à-dire tous ceux qui sont capables d'épauler un fusil : c'est là que se discutent les grandes questions qui intéressent le village. La mosquée, édifice surmonté d'un minaret carré est une école en même temps qu'un lieu de prière. C'est là que beaucoup d'enfants du village vont acquérir les premiers éléments de l'instruction sous l'autorité d'un *taleb*, sorte d'instituteur communal.

Quant au procédé d'enseignement, écoutons là-dessus ce que dit Bel Kacem ben Sedira : « un *taleb*, placé sur une natte et armé d'une longue férule, a autour de lui, dans la *zaouïa* (école) un groupe plus ou moins compact de jeunes bambins; il s'escrime du matin au soir à leur dicter, sur des planchettes destinées à cet usage, un certain nombre de versets qu'ils répètent à tue-tête, avec un ensemble et sur un ton dont on n'a pas l'idée, jusqu'à les graver dans la mémoire. Le lendemain, de bonne heure, la récitation a lieu, et ce qui a été écrit la veille fait place à une nouvelle leçon, sans la moindre explication préalable sur le sens et l'analyse des mots, sans qu'aucune notion d'arithmétique, d'histoire ou de géographie, vienne s'ajouter aux versets du Koran ».

Les parents, désireux de faire apprendre à leur enfant l'arabe et le commentaire du Koran, l'envoient dans une de ces grandes *Djamma* ou *Zaouïas*, sorte de grands séminaires, que dirigent les grands *cheikhs* (marabouts'. Chaque grand *cheikh* en possède plusieurs. C'est là que se forment les futurs *talebs*. Et quand la *tajmaht* d'un village désire avoir un *taleb*, elle s'adresse directement à l'un de ces élèves qui peut accepter ou refuser les conditions posées par le village.

Les Français ont aussi ouvert quelques grands collèges arabes, appelés *medersa*, où les élèves, admis après certaines épreuves, suivent les cours du Droit musulman pour devenir cadis ou notaires musulmans.

Hygiène

Quelques détails suffiront pour démontrer que les Kabyles n'ont guère souci de l'hygiène.

Non seulement ils ne font pas attention à la qualité de l'eau qu'ils boivent, mais la propreté fait défaut depuis leurs ustensiles de cuisine qui servent à tous les usages jusqu'au lieu d'habitation.

Ainsi, la litière se faisant rarement chez eux, la paire de bœufs, s'il y en a, et la chèvre pataugent dans un coin de l'unique pièce du logis et une odeur repoussante sort de ce fumier. De plus, ils n'ont pas de cheminée et, la fumée emplissant la chambre, ils sont exposés à avoir les yeux rouges et malades.

Mais ce qu'il y a de plus lamentable, c'est qu'autour de la maison les eaux de pluie croupissent dans un fossé et sont cause de beaucoup de maladies.

Un trait finira de convaincre le lecteur sur leur manque d'hygiène : conformément aux coutumes et mœurs kabyles, un adulte ne doit pas coucher chez lui. Dans les tribus où les cafés sont autorisés, les jeunes gens non mariés y passent la nuit. S'il n'y a pas de café, le village leur destine une maisonnette qui est moins un abri qu'un lieu de désordre et un joli accroc à la moralité.

Superstitions (Ifal)

Les Kabyles, comme tous les autres peuples, ont leurs croyances superstitieuses. En voici quelques-unes sur les animaux.

Le matin, la rencontre d'un chacal est un

signe de bonheur tandis que celle d'un lièvre est un signe de malheur. Voilà pourquoi à celui qui entreprend un voyage, les Kabyles comme les Arabes disent :

Sbahak ala dib
Ou masak ala arneub.

C'est-à-dire :

Plaise à Dieu que le matin
Tu ne trouves que le chacal
Et le soir le lièvre.

La rencontre d'un corbeau, d'un rouge-gorge, d'une salamandre, etc... est également un signe de malheur, si elle a lieu le matin.

Si un coq chante sur le seuil de la porte, c'est signe qu'il arrivera des hôtes.

Non seulement les animaux mais les choses elles-mêmes sont aux yeux des Kabyles un présage heureux ou sinistre. Voici quelques superstitions ayant trait à la médecine. Elles ne sont d'ordinaire que des ordonnances du médecin kabyle, c'est-à-dire du marabout. Celui-ci appelé auprès du malade doit indiquer le moyen de chasser les djenouns ou mauvais génies qui, d'après le Kabyle, sont cause de la plupart des maladies.

1º La première dent arrachée doit être jetée sur un toit de maison et en même temps il faut dire : « jetons la dent du chien pour avoir la dent d'argent : *nedegger tour'mas g'ouidi iouaken tem'ri tour'mas lfella* ».

2° Quand un Kabyle a mal à la tête ou aux yeux, il fait souvent des cérémonies superstitieuses (*asfel*), dont voici un exemple : une tête de bouc ou de mouton étant achetée au marché, un marabout est appelé qui la fait tourner quatorze fois autour de la tête du malade, sept fois dans un sens et sept fois dans l'autre. Pendant ce temps, le marabout prononce la formule musulmane : « Il n'y a de Dieu que Dieu, et Mahomet est son prophète ». Ensuite, l'on fait cuire la tête de mouton ou de bouc et, après la cuisson, on l'apporte au malade dans un plat en terre (*abaji*) destiné à disparaître. Le malade doit en cachette la manger en entier. Puis les os sont ramassés et portés dans le plat susdit sur la tombe d'un étranger soit par le malade, s'il le peut, soit par un de ses parents.

D'autrefois, la même cérémonie a lieu avec un coq noir ou une poule noire qu'on fait entrer trois jours de suite dans la maison du malade. Le troisième jour, il est égorgé et mangé par le malade et ses os sont portés comme ci-dessus au cimetière.

3° Pour une maladie quelconque, on portera au marabout un œuf sur lequel ce dernier écrit quelques mots du Coran. Cet œuf doit être mangé tout entier par le malade.

4° Dans le cas d'une maladie grave, on égorge au moins un pigeon sur la tête du malade de manière que le sang coule sur sa tête et le pigeon doit être, si possible, mangé tout entier par le malade.

Si la petite vérole se déclare dans une localité, la famille de celui qui en est atteint est obligée de tuer pour le moins une poule.

6° *En cas de fièvre*, le marabout est appelé ; il écrit quelques paroles du Coran sur un morceau de papier dont il enlève l'encre avec de l'eau qui sera bue par le malade. D'autrefois il écrit au fond d'une tasse et y verse un peu d'eau. Cette eau mêlée d'encre doit être bue par le malade.

Des fumigations ont encore lieu contre la fièvre : on les fait, soit avec du laurier rose, soit avec des épines qui sont sur les tombes, soit enfin avec des toiles d'araignée prises auprès des fontaines.

La Sorcellerie (ash ar)

Il est bon de dire un mot sur les sorciers (*sh ourr*) qui jouent un si grand rôle en Kabylie.

Presque chaque tribu possède un sorcier ou une sorcière, que les Kabyles disent être en relations avec les démons et les âmes des défunts. C'est pourquoi, un Kabyle veu-til savoir ce que désire un de ses parents défunts, il va consulter le sorcier ou la sorcière et, après la consultation, il apportera sur la tombe du défunt ce qui est déclaré agréable ou nécessaire au mort.

A entendre des gens très peu supertitieux, très instruits et dignes de foi, il y aurait certains marabouts armés d'un pouvoir qui ne peut provenir que d'une cause occulte, c'est-à-dire du démon. Rien d'étonnant dans un pays ou Satan règne en maître.

La derwicherie

A côté de la sorcellerie peut prendre place la derwicherie, car les Kabyles ont une grande vénération qui s'attache aux fous.

Un derwiche est presque toujours malpropre, affreux, maigre et difforme, vêtu d'une simple gandoura et d'un burnous, sans coiffure, avec une longue touffe de cheveux en désordre. Il a dans son burnous une quantité de chiffons ou de débris recueillis partout. Parfois il a une profusion de sachets de cuir qui lui pendent sur la poitrine, il porte un bâton à la main. C'est grâce au bâton, qu'il se fait sinon respecter, du moins craindre des enfants qui, voyant en lui la grande curiosité du pays, le suivent et le poursuivent. Le derwiche a le droit d'entrer dans toutes les maisons ; la nourriture ne lui est refusée nulle part.

Il est un genre de derwiches à part, qu'on appelle *aboudalis* — Ils sont incapables de se pourvoir eux-mêmes de nourriture et de vêtements. Ils ne vivent que d'aumônes dans un endroit retiré, séparés du monde. C'est là que les Kabyles vont les visiter. Ni le froid ni le soleil ne peuvent rien sur le corps d'un aboudali ; on dirait qu'il a perdu le don de souffrir. Pour les Kabyles un aboudali est un saint. En ce point, ils suivent un peu l'opinion de plusieurs théologiens musulmans qui font consister la perfection dans l'extase, dans un état d'âme où on est tellement ravi en Dieu qu'on a perdu l'usage de la raison et des sens.

Aussi quand un aboudali meurt, l'on dit : « le saint est mort. » Et tout le monde court à son enterrement. La population ne tarde pas à lui élever un petit édifice sur sa tombe : ce sera un nouveau lieu de pèlerinage.

Amulettes

De petits sachets en cuir qui leur pendent sur la poitrine et dans lesquels il y a soit un morceau de papier écrit, soit un autre objet quelconque, voilà ce que les Kabyles appellent *lh'arouz*, amulettes.

Ils ont souvent recours aux amulettes qu'ils regardent comme des remèdes préventifs. Ainsi pour prévenir une piqûre de scorpion, ils mettent un scorpion vivant dans un morceau de roseau dont ils bouchent les deux bouts avec du plâtre. Contre la morsure du serpent, ils mettent un peu d'ail dans un morceau de chiffon qu'ils portent pendu au cou. Contre la fièvre, on met dans l'amulette un morceau de terre d'un tombeau ou un morceau de courge où le marabout aura écrit quelques mots. Il paraît que contre la fièvre intermittente, le remède le plus efficace serait un os de juif qu'on porterait au cou en guise d'amulette.

Le Carême ou le Ramadan

Le Carême kabyle compte 29 jours au moins et 30 jours au plus — La veille du *Carême* ou *Ramadan* s'appelle *seberr ni* fortifiez-moi, donnez-moi le courage et la résignation pour faire le Ramadan.

Le premier jour du Ramadan s'appelle *se-remmi :* bridez-moi, c'est-à-dire qu'on demande à Dieu de remettre une bride à la bouche du jeûnant.

Puisque chez les Musulmans le Ramadan est un des points les plus importants de leur Religion, il convient de bien l'expliquer.

En quoi consiste le Ramadan?

Il consiste à ne rien manger ni boire depuis l'aube jusqu'au crépuscule. C'est le marabout qui avertit le soir, par l'appel à la prière, que l'on peut commencer à manger. Ceux des musulmans, qui sont scrupuleux, vont jusqu'à ne pas avaler leur salive.

Obligation de jeûner

Pour être astreint au jeûne, il faut avoir un certain âge que détermine le marabout ou le cheikh de la mosquée de la manière suivante : dépelotant une ficelle, il la passe deux fois autour du cou du futur jeûnant ; puis, il la dédouble, il en place les deux bouts dans la bouche du patient et la lui passe par-dessus la tête absolument comme l'on passerait une bride ou une srîma, à une mule. — Il n'y a obligation de jeûner que si la ficelle passe par-dessus la tête.

Fixation du jour

L'obligation de commencer le jeûne devient générale et absolue du moment que deux musulmans au moins, hommes probes et libres, ont constaté l'apparition de la nouvelle lune du neuvième mois de l'année, appelé Ramadan.

Pour la désignation de ce jour, la science est *mise* de côté, car il est dit dans Sidi Khelil : « qu'on ne s'en rapportera ni au dire ni à l'indication d'aucun astronome pour constater le commencement du mois de Ramadan.

Dispense du jeûne

Il y a dispense pour la femme enceinte, le voyageur, celui qui est sérieusement malade et celui qui, en jeûnant, craint sérieusement de tomber en syncope ou de perdre connaissance. Mais quand on pourra jeûner soit après le voyage soit après la maladie, on sera tenu de faire ce qu'on appelle le *jeûne* satisfactoire, c'est-à-dire de réparer par d'autres jours de jeûne les jours où l'on n'aura pas pu jeûner. — Ce qu'il y a d'odieux dans l'Islam c'est que les vieillards sont tenus au jeûne comme les autres; bien plus, ils doivent, dans l'année, jeûner un ou deux mois de plus.

Une recommandation de Sidi Khelil
peu observée par les Kabyles

Il est recommandé par Sidi Khelil, le saint Thomas de l'Islam (quoiqu'il ne mérite pas le titre de Docteur angélique), d'éviter de trop parler, pendant le temps du jeûne, à moins que ce ne soit de Dieu et de la Religion. Or, n'est-il pas vrai que c'est ce temps du Carême que semblent choisir les Kabyles pour ne pas cesser de médire du prochain dans leurs réunions et pour y tramer des complots le plus souvent homicides !

Nuits du Ramadan

Il y a deux repas nocturnes : le premier, appelé *imensi*, se fait aussitôt après le coucher du soleil, le second a lieu de deux à quatre heures du matin : on l'appelle *çoh'h'our*.

Une fois le soleil disparu, le Musulman mange, boit, fume, prise, et cela pour toute la nuit et tant que l'on veut ou tant que l'on peut : ainsi, si pour le pauvre, obligé de travailler le jour, le Ramadan est par trop dur; pour le riche, c'est Carnaval toute la nuit. Aussi pendant le temps du Carême, les légumes, les fruits et surtout la viande se vendent fort cher et en grande quantité dans tous les marchés.

Le jeûne doit être rigoureusement observé

Pour la plupart des Kabyles, toute leur religion consiste dans la *formule* et dans le Ramadan ; aussi celui qui ne jeûnerait au moins publiquement est traité de *Roumi* (Européen), d'impie, d'infidèle, d'homme sans conscience et sans foi, il est, en un mot, honni. Je dis, s'il ne jeûne pas publiquement, car il est bien avéré que beaucoup de Kabyles ne se font pas scrupule de rompre le jeûne en secret.

L. D.

Pèlerinage de la Mecque

Située dans l'Arabie à dix heures de la Mer Rouge. La Mecque est aux Musulmans ce que Jérusalem est aux Chrétiens. Le pélerinage à la Mecque est obligatoire pour tout Musulman auquel la santé et les ressources permettent de le faire.

Comme c'est un des actes religieux les plus importants des Musulmans, il sera bon d'insister sur ce point.

Dieu a promis, dit Mahomet, que tous les ans six cent mille fidèles viendraient faire le pélerinage à son temple ; si ce nombre est au-dessous de six cent mille, il est complété par les Anges.

Temple de la Mecque

Le temple de la Mecque est une vaste enceinte carrée, bordée de piliers et de petites mosquées tout autour, unies les unes aux autres, en forme de chapelles où l'on peut se mettre à couvert en cas de pluie. Ce temple a dix-neuf portes. Le pélerin doit faire sa première entrée par la porte appelée : *Bab-el-Slam* (porte du salut). Sept chaussées pavées partent des colonnades et aboutissent au sanctuaire appelé *la kaaba.*

Le sol du temple étant plus bas que celui de la ville, on y descend par quatre ou cinq marches. Les quatre chaires (ou pavillons) soutenues, chacune par quatre colonnes, et bâties autour de la kaaba, représentent les quatre rites musulmans : *Chafay*, *Hambely*, *Malaky*, *Hanafy*.

La Kaaba (Cherifâ)

L'intérieur

L'intérieur de la kaaba n'est qu'une simple chambre dont le plafond est soutenu par deux colonnes. Elle n'est éclairée que par la porte. Sur le plafond et les murs il y a de riches étoffes de soie et de belles inscriptions dorées. Le pavé est en marbre de différentes couleurs. Beaucoup de lampes en or massif sont suspendues au plafond par des chaînes dorées. Les douze poëmes *(lmoadlaket)* composés par des poètes arabes antérieurs à l'islamisme seraient dit-on, accrochés au plafond de la kaaba.

L'extérieur

La kaaba est un édifice carré de douze mètres de long sur huit de large. Elle est placée presqu'au milieu de la grande place carrée ou de l'enceinte mentionnée plus haut.

Elle repose sur un talus de soixante centimètres et est environnée d'une balustrade en forme de spirale, où pendent une multitude de lampes allumées.

Elle a une terrasse plate, recouverte d'un voile de Damas noir nommé la *kessoua*. Cette kessoua renouvelée chaque année est fabriquée au Caire, au frais du sultan, le droit de fournir la kessoua étant considéré comme un acte de souveraineté.

Une seule porte, située sur la face du nord, donne entrée dans la kaaba ; elle est environ de deux mètres au-dessus du sol ; elle est doublée de lames d'argent avec des ornements en or.

On n'entre à la kaaba qu'au moyen d'une échelle ou long marchepied mobile. Cette disposition et l'usage de l'échelle sont un motif de commerce et de spéculation. L'individu, préposé à la conservation et à l'emploi de l'échelle, laisse monter les premiers ceux qui payent le plus. Il est rare qu'on laisse monter gratis le pauvre.

Les Kabyles et les Arabes appellent la kaaba : la maison de Dieu. Ce serait Adam qui aurait construit ce sanctuaire et, démoli par le déluge, il aurait été rebâti par Abraham aidé d'Ismaël, son fils.

La kaaba reste découverte quinze jours et sa porte n'est ouverte que trois fois par an.

Quatre choses remarquables dans le temple de la Mecque

1o La première chose et la principale est la *Pierre noire* apportée du ciel, toute blanche, au commencement du monde et noircie par les péchés des hommes. Elle est fixée à hauteur d'homme à l'angle nord de la kaaba, près de la porte — C'est un ovale irrégulier formé de plusieurs morceaux de même nature qui ont dû être disjoints par l'action du feu et qui ont été réunis dans une espèce de moule en ciment entouré d'un cercle d'argent.

Quelques Docteurs musulmans, favorisant en ce point la croyance des Musulmans à la métempsycose, prétendent que cette pierre ne serait autre chose qu'un Ange métamorphosé. Toujours est-il que les Musulmans lui prêtent deux yeux et une langue ; elle voit, elle entend et, au jour du Jugement, elle rendra témoignage pour ceux qui l'auront baisée et ceux qu'elle n'aura pas vus. Elle est creusée par le nombre de baisers qu'elle a reçus.

Le pélerin doit la baiser dans chacune de ses vingt et une tournées ; s'il ne le peut, il doit au moins la toucher avec sa main.

2o Il y a encore une pierre blanche qu'on dit être le tombeau d'Ismaël, fils d'Abraham et qui est arrosée par une gouttière de la kaaba.

3o Enfin il s'y trouve une autre pierre nommée *place d'Abraham*, qui porte les traces des pieds du patriarche. Apportée par l'Ange Gabriel à Abraham au moment de la construction de la kaaba pour qu'elle lui servît d'échaffaudage, elle remontait à mesure que la construction s'élevait au dessus du sol.

4o La quatrième chose remarquable c'est le puits de Zemzem que Dieu produisit miraculeusement en faveur d'Agar et de son fils, mourant de soif.

Quatre pratiques essentielles du pèlerinage :

L'Ihram, les tournées, les promenades la station à Arafa

1o *L'Ihram* consiste à exprimer l'intention de faire le pèlerinage, à s'abstenir de tout acte mauvais et à revêtir le vêtement pélerinal composé de deux pièces d'étoffe sans couture : l'une de ces pièces couvre les épaules et le tronc, l'autre entoure les reins et couvre la partie inférieure du tronc jusqu'au-dessus des jambes.

2° Il y a vingt et une *tournées* pieuses que le pélerin doit faire autour du sanctuaire. Les sept tournées d'arrivée et les sept tournées de retour sont obligatoires ; les sept tournées d'adieu ne sont que de dévotion.

Les hommes font les trois premières tournées d'arrivée en sautillant doucement et soulevant en même temps les épaules par secousses légères. Ce serait pour imiter le Prophète qui procédait ainsi dans ses tournées, l'an 7 de l'hégire. Quand la foule est considérable, on marche et on sautille comme l'on peut. (Sidi Khelil, *Jurisprudence Musulmane*, section IX, § 1er:)

3° Les *Promenades* pieuses doivent se faire dans l'espace qui sépare les deux monts voisins de la Mecque: *Safa* et *Meroua* — Avant de les commencer, il faut baiser la pierre noire. On court d'abord lentement, puis plus vite et enfin au pas, tantôt s'arrêtant tantôt regardant derrière soi comme si l'on était en peine d'une chose égarée. Tout cela pour représenter l'inquiétude d'Agar cherchant de l'eau.

4° La *station à Arafa* est encore une pratique essentielle. Arafa est une montagne où se rencontrèrent Adam et Eve après avoir erré cent ans, séparés l'un de l'autre. On doit y stationner un temps quelconque de la nuit.

Quelques pratiques de dévotion

Dans ses tournées pieuses, le pèlerin doit s'arrêter au mur appelé *Moullezem*, qui est entre la porte de la kaaba et la pierre noire et il se colle contre ce mur la face, la poitrine, le ventre, les deux bras et les deux mains étalées et adresse à Dieu dans cette posture des vœux et des invocations.

La lapidation est également une pratique de dévotion. Elle a lieu dans les quatre jours de fête du pèlerinage. Elle se fait en jetant successivement sept cailloux gros comme la noisette pour imiter Abraham qui chassait ainsi le diable lorsqu'il rebâtissait la kaaba.

Faire la prière, lire du Koran, boire souvent de l'eau de Zemzem, s'en servir en ablutions, en lotions, pendant tout le temps qu'on reste à la Mecque, et en emporter avec soi, voilà autant d'actes méritoires.

Les pèlerins kabyles disent qu'à l'endroit nommé *Moullezem* il y a un filet qui descend du toit de la kaaba et auquel se suspendent un instant les pèlerins. Ce filet, chargé de tous les péchés des pèlerins, s'élèverait dans les airs jusqu'au trône de Dieu, qui remettrait tous ces péchés et de la sorte, les pèlerins reviennent de la Mecque sanctifiés.

Durée du pèlerinage

Habituellement un millier de pèlerins arabes ou kabyles s'embarquent à Alger chaque année à bord d'un navire français. Deux cents douros sont exigés de chaque pèlerin comme provision de garantie.

La traversée d'Alger à Djeddah se fait en huit jours environ sans escale.

Les pèlerins, arrivés à Djeddah, se mettent aussitôt en route pour la Mecque. Ils y demeurent pendant trois ou quatre jours. Puis ils retournent à Djeddah où ils se rembarquent pour se rendre à Yambo. De là, ils se rendent par caravanes, à Médine, où se trouve le tombeau du Prophète. Ils restent cinq jours dans cette ville, puis reviennent à Yambo, font une quarantaine de quatre ou cinq jours au lazaret d'El-Tor, et, après s'être enfin arrêtés au lazaret du Cap Matifou, sont de retour à Alger, un peu plus de deux mois après leur départ.

Ce que rapporte le pèlerin

Le pèlerin rapporte de la Mecque des chapelets, des pierres précieuses, de l'eau du puits de Zemzem, de la terre de la Mecque ou de Médine en petits paquets, des cotonnades pour faire des turbans, des draps, des coffres, des peignes à barbes, des bracelets en corne et en verrolerie, du corail, des miroirs, de l'antimoine, des parfums, du musc, etc.

Grâces du pèlerinage

Le prophète a dit qu'une prière à la Mecque vaut cent mille prières, un jour de jeûne à la Mecque vaut cent mille jeûnes, une aumône d'un dirhem à la Mecque vaut celle de cent mille dirhems.

Quiconque supportera les chaleurs de la Mecque, l'enfer s'en éloignera de deux cent mille années de marche et le ciel s'en approchera d'autant.

Une seule chose est plus méritoire que le pèlerinage, c'est la mort dans la guerre sainte.

Enfin le pèlerin, portant son turban vert autour de sa tête, est vénéré dans sa tribu et on ne l'appelle plus que le *Hadj* (pèlerin).

Naissance.

Circoncision.

Mariage.

Mort et Enterrement.

Grandes Fêtes.
- 1o Laïd tamziant.
- 2o Laïd tamqorant.
- 3o Taâchourt.
- 4o Elmouloùrd.

Petites Fêtes.
- 1o Qçam larzaq.
- 2o Sebaâ ou âchrin Rajeub.
- 3o Sebaâ ou âchrin Ramadan.
- 4o Amzouarou ne Rebia.
- 5o Imensi Ouceggouas.

Naissance

La naissance d'un garçon est ordinairement annoncée par des coups de fusil. C'est une grande joie dans la famille. Les parents et les amis viennent féliciter le père du nouveau-né en lui disant : « *d'asâdi ! d'erbah'i ! irbah'ouq-chich !*... que l'enfant soit heureux ! » ou encore : « *mebrouh chebab* ».

Ils lui offrent en même temps des cadeaux en viande, œufs, poules, miel etc... En arrivant à la maison et en la quittant, ils se font un devoir de tirer des coups de fusil.

Si c'est une fille qui vient de naître, on n'exprime aucun signe de joie. Les esprits sont plutôt portés à la raillerie et, sur les lèvres de presque tout le monde on entend murmurer ces mots : « ce n'est qu'une fille : *taqchicht kan !* » Néanmoins les parents de la mère viennent apporter des cadeaux. Quant aux amis,

ils disent au père : « *terbah tseggirt !* que sa dot
te soit un bon gain ! — (ou) *irbah'chert !* que les
conditions de la dot te soient favorables ! »

Jours d'après la naissance

Quand c'est un garçon qui a été mis au
monde, il y a tout un cérémonial à suivre les
jours d'après la naissance.

Le troisième jour, l'enfant reçoit un nom :
c'est celui du dernier défunt de la famille.

Le quatrième ou le cinquième jour, celui qui
passe pour le plus capable, le plus dégourdi de
la famille est désigné pour aller mettre un de
ses doigts dans la bouche de l'enfant : il mani-
feste par là le souhait que l'enfant lui ressemble
un jour.

Le septième jour s'appelle *seboua*. On abat
un mouton pour fêter l'heureux évènement.
Parents et amis sont invités.

Le jour où l'enfant commence à s'asseoir,
on le fait asseoir dans le grand plat de couscouss et on lui verse du blé sur la tête, comme
signe de la future prospérité qu'on lui souhaite.
Les voisines accourent, comme le jour de sa
naissance, et font entendre leurs fameux youyou perçants.

Enfin le jour où pour la première fois l'enfant est porté au-dehors, on le présente aux

amis et aux voisins qui se font un devoir de lui offrir une gandoura ou quelque autre cadeau.

Maladies de l'enfant

1º Le mauvais œil ; 2º le muguet ; 3º les convulsions ; 4º la coqueluche, etc , sont autant de maux que les Kabyles essaient d'ôter à leurs enfants par les remèdes suivants.

I. Remèdes contre le mauvais œil (teïet)

Si l'on craint que l'enfant ne soit victime du mauvais œil, on appelle de suite le marabout. Celui-ci mesure les épaules de l'enfant l'une après l'autre : si les deux épaules sont d'égale longueur, il n'y a pas eu mauvais œil ; sinon, il y a eu mauvais œil. Dans ce dernier cas, voici ce qu'il fait pour éloigner les funestes effets du mauvais œil : il écrit en trois endroits d'une feuille de papier ; puis il fait brûler du laurier et de l'aourmi (sorte de serpolet) ; il jette de l'encens dans ce feu et en fait faire des fumigations à l'enfant. Il prend ensuite l'amulette qu'il a écrite et la coupe en trois morceaux dont chacun contient un écrit. L'un de ces morceaux, il le met dans l'eau pour qu'il y pourrisse et cette eau doit servir à laver le corps de l'enfant et à être bue par l'enfant.

4

Le lendemain, la même opération recommence avec le deuxième morceau d'amulette et le surlendemain avec le troisième. Et quand l'enfant a fini de boire toute cette eau, l'effet du mauvais œil est détruit.

II. Contre le muguet (tagd'iett)

On immole un mouton et l'on fait tomber quelques gouttes de ce sang dans la bouche de l'enfant atteint du muguet. Ce sang doit guérir l'enfant.

D'aucuns disent que le chikh ou marabout, après avoir fait ce qui a été dit ci-dessus, chante la formule ou l'appel à la prière à l'oreille de l'enfant.

III. Contre les convulsions (lekhtafa)

Les Kabyles croient que l'enfant atteint des convulsions est victime du démon (*djenoun*).

Et pour chasser le djenoun qui le possède, les parents de l'enfant vont acheter au marabout une amulette qu'ils suspendent à son cou. Ils apportent ensuite l'enfant dans une mosquée ou à un marabout vénéré, l'y déposent quelques instants et s'en retournent après avoir fait leur aumône (*louâda*).

Au moment des convulsions, on lui met encore à la main une clef.

IV. Contre la coqueluche

On fait bouillir des escargots ; ce bouillon mélangé avec du lait doit être bu par l'enfant qui alors sera guéri de sa coqueluche.

Anges gardiens de l'enfant

Les Kabyles croient que des anges gardent les petits enfants. Et ces anges maudissent la personne qui irait réveiller l'enfant qui dort au berceau, fut-elle même sa mère ; il faut attendre qu'il se réveille lui même.

La Circoncision

(Lekhtana ou tahara)

On commence dès la veille à mettre du henné aux mains et au front de l'enfant.

Le jour même de la Circoncision. une grande fête est donnée aux amis et connaissances. Le matin, de bonne heure, les femmes invitées à la fête, font entendre leurs youyou.

On suspend au cou de l'enfant ce qu'on appelle le *tammoust lah'oual* un morceau de chiffon contenant toutes sortes de drogues. On lui met ensuite une gandoura neuve dont on n'a pas cousu la bordure. Son père le prend et le pose dans le sein de celui qui va le circoncire ; il lui passe alors une sorte de haïk au cou et l'amuse en jetant des douros dans cette espèce de haïk. Pendant ce temps l'opération se fait (celui qui la fait est ordinairement un musicien.) et les femmes poussent des youyou, tout en jetant en l'air les roseaux qui servent dans le métier à tisser.

Puis un grand repas, qui consiste surtout dans le couscouss et la viande: est donné aux invités. Ceux-ci à la fin du repas, ou, s'il y a des musiciens, à la fin de la journée, versent leur obole (*taoussa*) entre les mains d'un homme chargé de publier à haute voix la générosité de chaque donateur. La taoussa ne se fait pas dans toutes les tribus kabyles.

Comme on le voit, le marabout ne joue aucun rôle dans la Circoncision bien que celle-ci soit un des actes les plus importants de la vie kabyle.

Enfin le père ou le frère de la mère du circoncis doit donner à celui-ci autant de douros que l'enfant pourra en contenir dans sa bouche.

Pour guérir la plaie, qui résulte de la Circoncision, on applique à l'enfant comme remède de l'huile de tortue (*zit lfhroun*) et on y ajoute le tiberra c'est-à dire des crottes de chèvre pulvérisées et du miel.

Quand on n'a pas d'huile de tortue, on prend un peu de terre sur la limite d'un champ voisin ; on y ajoute le tiberra et du miel. Et quand ce mélange placé sur la plaie a été imbu du sang du circoncis, on l'apporte sous un figuier ou un grenadier exprimant par là le vœu que l'enfant grandisse comme cet arbre.

Cérémonie du repas des rognons
(toutchit *n* tigzalt)

Une petite pratique, celle du repas des rognons, aurait bien ici sa place. On apporte du marché des rognons qu'on découpe en sept morceaux pour l'enfant qui commence déjà à grandir.

Son grand-père ou un de ses oncles s'adressant à l'enfant lui dit : « *sers aïdi :* pose-le, chien ». Et en même temps il lui tend un pied. Et l'enfant de placer un morceau de rognon sur le pied du grand-père, qui lui dit aussitôt : « prends-le, chien ; *erfedh, aïdi* ». L'on fait de même pour les six autres morceaux de rognon qui doivent, comme le premier, être mangés par l'enfant. Il paraîtrait que c'est là un remède infaillible pour prévenir l'engorgement des glandes.

Adolescence
Le jeune homme

Le Kabyle, loin de corriger son fils, le laisse aller à ses instincts de petit sauvage.

C'est ainsi qu'aux Beni-Seddécas, commune de Fort-National (Alger) un enfant vola, un jour, à un vieillard une paire de souliers en pleine *tajmaht* ou *tajmaït* (réunion). Le père de l'escroc loin de réprimander son fils, l'encouragea dans cette voie et vanta cet exploit de son enfant devant l'assemblée de ses compatriotes.

Plus tard, par la fréquentation de ses camarades, l'enfant devient d'une dépravation rare et tout habitué qu'il est à commettre de petits larcins, il se lance, vers l'âge de dix-huit ans, dans des coups plus hardis. Ce qui le retient sur la pente du mal, ce n'est ni la menace de son père ni le cri de sa conscience mal formée, ce n'est que la crainte de la justice française. La prison et l'amende sont deux bons maîtres qui le font revenir à de plus sages réflexions.

Encore aujourd'hui, au Beni-Yala, près de Beni-Mançour (Alger) l'adolescent n'est considéré comme un homme que lorsqu'il s'est distingué par un acte de courage en enlevant adroitement un ou plusieurs moutons, un cheval, etc. Alors seulement il est jugé capable d'épauler un fusil et de faire partie de la *tajmaht* (réunion d'hommes).

La fille

Quant à la fille, elle n'a d'éducation que celle donnée par sa mère. Le père ne s'en occupe nullement. Sa mère lui apprend à faire le cous-

cous, à tisser des burnous et elles vont ensemble porter de l'eau.

Mais entre la femme et l'enfant il n'y a point d'âge intermédiaire en Kabylie, la jeune fille c'est la petite fille. Dès l'âge de huit à dix ans, la question du mariage s'empare d'elle et la poursuit jusque dans ses occupations.

En Kabylie comme ailleurs, les riches trouvent toujours à marier leurs filles, mais les filles pauvres, si la beauté ne vient pas suppléer à l'avantage des richesses, se voient condamnées à une existence honteuse. Quelle opprobre, en effet, pour une fille de n'avoir jamais été demandée en mariage !

D'ordinaire, fiancée de deux à cinq ou dix ans, la fille kabyle est mariée à douze ans et a pu être mère trois fois avant l'âge de seize ans.

Mais celles qui n'ont pas trouvé à se fiancer avant dix ans se croient déjà comme abandonnées de Dieu et maudites. Elles ne cessent d'importuner leurs mères qui vont trouver des marabouts. Ceux-ci leur prescrivent des cérémonies superstitieuses dont voici quelques-unes.

Dix jours avant la Grande Fête, la mère de la fille prend des noix, des dattes, des œufs et des drogues achetées à un colporteur kabyle. Elle met le tout dans un plat ou dans un crible et, présentant le plat à la lune, elle parle à l'astre de la nuit en lui adressant des invocations.

Puis, la veille ou le jour même de la Grande Fête (*laïd tamgorant*) elle doit moudre ce mélange et l'appliquer, en guise de pommade, au front et aux cheveux qui encadrent le front de sa fille. C'est ce qu'on appelle *anfal*.

Un autre moyen superstitieux très employé est celui-ci : la mère de la fille prend dans sa main des œufs, des fèves, etc., et jette le tout sur les traces de celui qu'elle veut avoir pour gendre.

D'autrefois ce n'est qu'un œuf béni par un marabout que jette la fille elle-même à un endroit où doit passer celui qu'elle veut épouser. Moins par suite de ces pratiques superstitieuses que grâce à certaines ruses plus ou moins avouables, il est de fait, à part quelques exceptions, que les jeunes filles les moins douées de qualités physiques trouvent enfin un jour un parti, quitte à être divorcées quelques temps après le mariage. La honte de n'avoir pu être demandée en mariage leur est au moins enlevée.

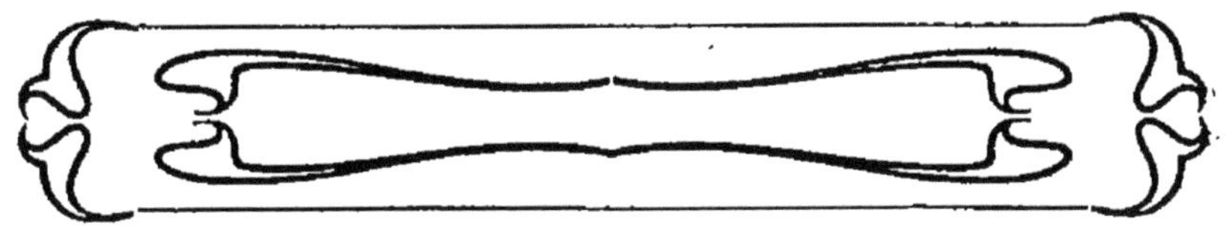

Le Mariage

I. **Akhedab** (choix)

Le mariage du jeune homme étant décidé, sa mère s'occupe de lui chercher une bru qui lui convienne ainsi qu'à son fils ; elle interroge adroitement les voisines de la jeune fille sur le caractère de celle-ci, sur ses aptitudes, sa conformation, etc... Puis elle en fait part à son mari qui se rend, avec un de ses amis, un jour chez le père de la jeune fille. On lui présente la fille et il examine si le rapport fait par sa femme est exact : si elle lui plaît, il engage des pourparlers à propos de la somme qu'il doit remettre au père de la fille, à titre de dot. La somme est marchandée et, à peu près fixée. L'on fixe aussi le jour du miaqbel, c'est-à-dire le jour où l'achat de la jeune fille sera traité publiquement et le prix de la dot arrêté définitivement.

II. **Tahboult** (la galette)
ou **Amiqbel** (achat de la fille)

On appelle la dot : *tsiguirt* ou *taiment*.
Le miaqbel serait *l'arrangement*.

Le père du fiancé vient avec un marabout chez la fiancée au jour marqué par les chefs des deux familles. Aussitôt, les gens de la maison avertis de leur arrivée préparent une omelette ou un couscouss. Le repas achevé, on aborde la question des fiançailles et les pères des deux fiancés traitent de nouveau du prix de la fille. Le marabout n'est là que pour obtenir le plus possible la diminution du prix qu'on appelle *tsiguirt*.

Le prix étant définitivement fixé, le marabout fait une allocution sur le mariage établi par Dieu, donne la bénédiction (*itsar'lmâarouf*) ou plutôt, il demande à Dieu de bénir ces fiançailles et les témoins, à l'exemple du marabout, tiennent pendant ce temps, les deux mains jointes et ouvertes. Après le mâarouf, le père du fiancé va baiser la tête du père de la fiancée et les parents du fiancé en font autant ; il donne ensuite les cadeaux du miaqbel, qui consistent en un mouchoir de choix, une lizara (bande d'étoffe de 5 à 12 mètres, selon la taille de la fille) et une gandoura (*djebba*). Puis chacun s'en retourne chez soi après avoir tiré quelques coups de fusil.

III. **Versement de la dot** (tsiggirt)

Après un temps plus ou moins long, le père du fiancé accompagné d'un marabout et de quelques amis, se rend chez le père de la fiancée pour payer la dot convenue. Ces réunions sont toujours nocturnes.

Après le repas qui consiste dans un couscouss et de la viande, a lieu le versement de la dot. Encore ici, on tâche, à l'aide du marabout, d'obtenir une nouvelle diminution du prix convenu.

Quand le versement a été accompli, le marabout fait son màarouf (*itsar'lmàarouf*) puis tout le monde baise la tête du père de la fiancée et l'on se retire.

(Il y a certaines conditions (*cherout'*) qui font *toujours* partie de la dot, comme quatre à cinq mouchoirs en soie, la robe, le blé, deux moutons, cinq litres de beurre, etc...).

Comme on le voit, la fiancée n'est jamais consultée publiquement. Cependant il y a des pays, comme aux Ouad'hias, commune mixte de Fort National (Alger), où le marabout demande à la fiancée si elle consent au mariage qu'on lui propose.

Il paraîtrait qu'ailleurs, la mère de la fille la consulte : ce serait un usage qui tendrait à s'introduire.

Veille de la noce (tiithi lhenni)

Application du henni

Quelques jours après le versement de la dot, la mère du fiancé, accompagnée de quelques femmes, apporte le trousseau (*ldjehaz*) de sa future belle-fille et, si le fiancé est encore enfant, elle l'emmène avec elle.

Dès son arrivée, amies et voisines accourent chez la fiancée dont elles examinent le trousseau et elles chantent :

> Kechemed a isli
> Atsoùthed lhenni.

C'est-à-dire :

> Entre fiancé
> Battre du lhenni.

Et tous les deux fiancés prennent ensemble la tige métallique servant à broyer le henni dans le mortier et ils la font manœuvrer jusqu'à ce que le henni soit pulvérisé.

Si le fiancé n'est plus un enfant, une femme ou un enfant le remplace. Pendant ce temps, les femmes chantent :

> Aoueth azdouz, senr'el aman
> A tiguejdit g'oukham.

C'est-à-dire :

> Frappe, pilon; verse de l'eau.
> O poutre qui soutient la maison.

En même temps l'on verse un peu d'eau dans le mortier.

Le pilon représenterait la force ; l'eau, la douceur que doit avoir une femme de ménage. De plus, elle doit tenir à la maison autant que la poutre qui la soutient.

Ensuite on applique au fiancé le henné dans une seule main ; quant à la fiancée, on lui en met aux mains et aux pieds. Pendant ce temps, tambours et flûtistes jouent chacun de leurs instruments bruyants et les femmes font entendre leurs youyou. A l'application du henni succède le repas, lequel étant achevé, la musique reprend et continue à jouer jusque vers le milieu de la nuit : c'est ce que l'on appelle : *asenci*.

Touffera

Le jour de la noce, la fiancée va se cacher chez l'un des parents ou amis de la maison. Les musiciens la cherchent pendant longtemps:

d'aucuns disent que cette fuite de la fiancée n'aurait d'autre but que de faire durer le plaisir de la musique dans le village ou le quartier de la fugitive.

Quand on l'a trouvée, si le trajet est trop long, on la ramène montée sur une mule ; si le trajet est court, elle se met à cheval sur le dos d'une femme et rentre chez elle en tenant les deux mains croisées sur la poitrine de celle qui la porte.

Tiouïn

La toilette étant achevée, la fiancée monte sur la mule qui sera conduite par sa mère. Celle-ci a déjà attaché au cou de la bête sa ceinture (*tasfift*) qui lui servira de licou et elle attend que le père du fiancé lui remette le prix du licou (*azguen tichkimt*) 1 fr. 25.

La fiancée est ainsi emmenée dans la maison du fiancé au son de la musique qui la précède et au chant des femmes qui l'accompagnent ainsi qu'au bruit des coups de fusil qui partent tout le long du parcours.

Quand le cortège est arrivé dans la maison du fiancé, celui-ci ou l'un de ses parents attend la fiancée au seuil de la porte ou sur le toit de la maison et il lui jette un morceau de roseau ou une petite motte de terre (*ah'ourra*).

Dans la tribu des Beni-Aïdel, commune mixte d'Akbou (Constantine), le fiancé attend la fiancée sur le seuil de la porte et il lui administre un coup de poing au moment où elle met le pied dans la maison de son futur époux.

On exprimerait par là la supériorité de l'homme, D'aucuns disent qu'il y a encore une autre signification : par ces coups, le fiancé détruirait le maléfice que la mère a fait donner à sa fille par un marabout pour que la nouvelle mariée puisse dominer son mari. Ce maléfice ou sortilège consisterait dans un morceau de papier (amulette) que la femme glisserait adroitement sous la couche nuptiale c'est-à-dire sous le tapis ou sous la natte, la première nuit de l'union conjugale.

Avant de descendre de la mule, la fiancée baise le linteau de la porte de la maison pour témoigner de son affection pour cette maison qui désormais sera la sienne.

Dès qu'elle a mis pied à terre, on s'empresse de hisser sur la mule le plus d'enfants possible souhaitant par là à la mariée une nombreuse progéniture.

On lui présente à son entrée dans la maison un soc de charrue (*tagoursa*) auquel est adapté un bâton; le soc est placé sur un pilon. Elle prend avec un enfant ce bâton qu'elle fait manœuvrer quelques secondes. Le soc indiquerait l'abondance des récoltes qu'on souhaite au nouveau ménage.

Puis a lieu le repas de noces auquel succède la *taoussa* dans beaucoup de tribus. La *taoussa* consiste en un don en argent que les invités remettent : ils usent de réciprocité pour cette formalité qui se fait devant tous les invités.

Quand la *taoussa* est terminée, on commence le jeu de la danse : (*ammeren ourar*); c'est-à-dire que les femmes même mariées dansent dans certaines tribus, comme aux Beni-Abbas (Constantine); dans d'autres tribus, il y a seulement là danse de l'homme. La musique cesse à une heure avancée de la nuit et le monde se retire.

Le lendemain de la Noce : As n Tissit

Le lendemain ont lieu trois cérémonies nouvelles : *tarbout, tissit* et *abaggous.*

I. Tarbout (plat de couscouss)

Le couscouss du lendemain de la noce a un cachet particulier : l'eau dont s'est servi la fiancée chez elle pour se laver tout le corps, a servi à ce couscouss et à la cuisson des œufs de la fête. Ce plat de couscouss est posé sur un *haïk*, sorte de grande étoffe de coton ou sur un *hambel*, sorte de tapis; il est ensuite porté par des hommes chez le fiancé.

5

II. **Tissit** (boisson)

Ce couscouss ayant été mangé, on fait monter la fiancée sur la mule et on l'emmène au tombeau d'un marabout vénéré pour lui en faire faire sept fois le tour. Il y en a qui se contentent de trois et même d'un seul tour. C'est ce qu'on appelle : *souaïen tislit* (faire boire la fiancée). De retour à la maison, on danse : *ammeren ourar*.

Quand les filles et les femmes ont fini de danser, la fiancée couronne la fête par une danse. Celle-ci ayant fini de danser, les musiciens sont payés et congédiés.

III. **Abaggous** (ceinture)

Il est des pays où la mariée doit faire le couscouss du soir : amies et connaissances l'y invitent en chantant ces versets :

> Ger aman
> Sebzig iouzan
> Tasà dit goukham.

C'est-à-dire :

> Verse de l'eau,
> Arrose les petites boulettes de couscouss
> La fortunée de la maison.

Puis on lui tresse les cheveux et on lui met la ceinture (*abaggous*). On immole enfin un chevreau qui doit être avec le couscouss mangé dans l'intime de la famille. Le marabout en fait partie et, à la fin du repas, on lui apporte un mouchoir en soie qu'il bénit et remet à la mariée en lui donnant quelques conseils sur le mariage : *ish'allilits*.

Ainsi le soir, vers sept à huit heures, toute la fête est terminée.

La lune de miel pour la mariée dure environ sept jours pendant lesquels elle est exempte de travail. Le septième jour, accompagnée de son mari, elle retourne chez ses parents auxquels elle porte des cadeaux parmi lesquels une épaule de mouton (*tar'rout gouakrar*).

Quand les musiciens ne sont pas appelés, beaucoup de cérémonies comme celle du *Tissit* sont omises. De plus, ces cérémonies diffèrent un peu d'une tribu à une autre.

N. B. — Si la mariée doit vivre avec une co-épouse, celle-ci l'attend sur le seuil de la porte et toutes les deux doivent y manger un peu de miel en signe de la paix qui doit régner entr'elles.

La Mort

Quand il y a un moribond, tous les parents et amis se réunissent autour de lui. On le fait coucher sur le côté droit et tourné dans la direction de la *Qebla* (l'orient) ou, si cela n'est pas possible, on le place sur le dos et les pieds dirigés vers la *Qebla*. Puis on lui fait réciter la formule; s'il ne peut pas la prononcer, on lui prend l'index et on dit la formule à sa place.

Lotion

Quand il a expiré, on lui ferme la bouche et les yeux; on lui soutient le menton par un bandeau ou par un mouchoir que l'on noue sur la tête. Puis a lieu la lotion du mort : on commence par laver les mains du défunt, puis on lave tout le corps et enfin la tête; ensuite on verse à grands flots de l'eau sur le côté droit du corps, puis sur le côté gauche.

Ensevelissement

On pose sur le ventre quelque chose de pesant tel qu'une pierre, un sabre, etc..., afin de prévenir le gonflement. A l'ensevelissement d'un homme mort, il ne faut pas plus de cinq objets qui sont : le turban, la chemise, un caleçon et deux suaires. Pour une femme on emploie sept objets : un mouchoir sur la tête, un voile que l'on fixe autour de la tête, deux suaires, une pièce de toile qui couvre le corps depuis les flancs jusqu'à mi-jambes, une chemise et un *haïk*. Mais le pauvre se contente d'une pièce de cotonnade cousue en manière de sac et qui enveloppe complètement le corps de la tête aux pieds.

Convoi et enterrement

Habituellement celui qui est mort le matin est enterré le soir et celui qui est mort le soir ou la nuit est enterré le lendemain. Dans ce dernier cas, le marabout ou plutôt tous les marabouts du pays sont invités à passer la nuit autour du cadavre en récitant le Coran : *Qaren fellas lfedia*. Pendant ce temps, ils font brûler de l'encens, des parfums et répandent sur le cadavre un peu d'eau du Puits de *zemzem*, c'est-à-dire de l'eau apportée du puits sacré de la Mecque, qui se vend en Kabylie environ cinq francs un petit flacon.

Parfois, on attend, pour l'enterrement, qu'un fils ou parent éloigné soit de retour, Dans ce cas, le mort a, comme l'on dit, la bénédiction *itôll lâmer is*, c'est-à-dire qu'il passe deux ou trois nuits dans la maison exposé aux regards de sa famille.

Après qu'on a lavé et habillé le cadavre, on procède au convoi : on met le cadavre dans un haïk ou dans un hambel, sorte de tapis et on le transporte au cimetière en chantant la formule. Parents et amis accompagnent à pied le convoi. Les femmes poussent des cris et des gémissements et s'arrêtent à la sortie du village.

Lorsqu'on est arrivé au cimetière, on repose à terre le cadavre sur le côté droit, le visage tourné vers l'Orient.

Prière (tazallit fellas)

Le plus digne d'entre les marabout s'approche du cadavre et prie pour le défunt. Le convoi se met en ligne derrière le marabout. Celui-ci s'écrie : « *Allah ak'bar* ! Que Dieu est grand ! » Tout le convoi répète « *Allah ak'bar* ! » Suivent les génuflexions et les prostrations d'usage.

Cette prière s'appelle la prière pour le défunt : *tazallit fellas*.

D'après quelques Kabyles, s'il y avait plus de quarante hommes à faire la *tazallit fellas*, l'âme du défunt entrerait au ciel tout de suite après cette prière.

La prière finie, le marabout récite du Coran *iqarr fellas*, plus ou moins longtemps suivant qu'il est plus ou moins rétribué. En général, les marabouts, qui vont ainsi réciter du Coran aux enterrements, touchent chacun cinq à dix sous, sans compter la viande qu'en certaines tribus on distribue à chaque famille du village.

Sépulture

Pendant que le marabout ou que les marabouts récitent ou psalmodient des versets du Coran, on fait la sépulture. On a creusé deux fosses l'une plus grande que l'autre ; dans celle-ci doit être placé le cadavre étendu sur le côté droit et la face tournée du côté de l'Orient. Quelquefois un marabout placera sur la poitrine du cadavre une amulette qu'on appelle *tabrats n saoual*. Cette amulette est destinée à répondre, au nom du défunt, à l'Ange appelé Azraïen qui posera au défunt la question suivante :« Quel est ton Dieu ? » Si le défunt surpris répond : « Mon Dieu, c'est toi. » Azraïen prend son bâton (*adebbouz*) et frappe le mort, qui, sur son ordre, s'est levé pour recevoir des coups de bâton. Si le défunt répond : « O mon Dieu c'est celui qui t'a créé et qui m'a créé. » Azraïen le laisse tranquille.

C'est là la croyance de quelques-uns ; d'après l'opinion commune, Azraïen ferait subir au mort une sorte de jugement particulier.

Le juste trouve une grande clarté dans son tombeau, mais le méchant s'y trouve enveloppé dans les ténèbres jusqu'au jour du jugement.

Les condoléances

La sépulture étant terminée, le plus digne d'entre les marabouts appelle les bénédictions de Dieu sur le défunt et l'assemblée. Il dira par exemple: « Que Dieu ait pitié de lui, *ath irah'am Rebbi* ; que Dieu le place dans le Paradis : *ath ijâl Rebbi g eljennet ! Ad iceberr Rebbi imaoulanis*, que Dieu console ses parents !

Quand le marabout a fini de parler, tout le convoi qu'on appelle *imoujâh* va exprimer ses condoléances aux parents du défunt, qui sont là réunis près de la tombe. Aux Beni-Abbès (Constantine), on dit : « *lbaraka ougorroi ennouen* : que la bénédiction (de Dieu) soit sur vos têtes ! « On répond : « *A koun idjerr Rebbi.* Que Dieu vous récompense. » Ces paroles se disent pour un homme. Quand c'est un fils qui est mort, les inoujah djsent : « *à t i Rebbi dria lahlal :* Que Dieu vous donne un [fils honnête ».

Quand c'est une fille, les voisins seuls viennent dire : « *Aoun dikhellef Rebbi s'elh'alal.* Que Dieu vous en donne une autre, qui sera honnête.

Quand c'est une femme, l'on dit : « *Ad ijeberr Rebbi lqccerr ennouen* ! Que Dieu répare votre perte ! »

Pendant ce temps les fossoyeurs ont recouvert de dalles la petite fosse et comblé complètement la grande qui est au-dessus. La fosse étant comblée, on place au-dessus deux pierres appelées *chouah'ed* (témoins), une à la tête, l'autre aux pieds, si le décédé est un homme ; trois pierres, une a chaque extrémité et une au milieu, si c'est une femme. Puis l'on met sur la tombe du jujubier ou des épines.

La cérémonie terminée, chacun se retire chez soi : seuls les étrangers restent quelquefois jusqu'à dix jours, entretenus par une famille du parti ou du sof du défunt. Chaque famille du parti est tenue de recevoir à son tour les étrangers et, comme l'on dit, d'égorger pour eux : *adzelloun fellassen.*

Imensi ouzek'à (Repas mortuaire)

Le soir des funérailles, on égorge un chevreau, un agneau ou un mouton et on porte à la Tajmaht un couscouss bien agrémenté de bons morceaux de viande : c'est l'aumône qu'on fait aux pauvres en l'honneur du défunt ; c'est ce que l'on nomme *imensi ouzek'a.*

De plus, le riche doit, le jeudi qui suit les funérailles, égorger un ou plusieurs moutons et faire porter plusieurs (*metred*) plats de couscouss à la mosquée ou à la Tajmaht comme il a été dit plus haut.

Le quarantième jour également, l'on fait porter un plat de couscouss aux pauvres qui se rendent à la tajmaht. L'on doit de plus, ce jour-là, mettre autour de la tombe le jujubier qui était au-dessus et une couche de cailloux schisteux qu'on appelle *azr'ar.* Il y a des pays où l'on met alors de l'argile sur la tombe.

Quelques Kabyles expliquent de la manière suivante cette cérémonie du quarantième jour : L'Ange de la mort vient visiter le défunt dans sa tombe pendant quarante jours. S'il est bon, l'ange ne lui fait point de mal, mais s'il est des méchants, il le frappe chaque jour et finit par le broyer le quarantième jour.

Grandes Fêtes

Laïd Tamziant

Dès la veille, après la lessive, les femmes et les enfants s'appliquent le henné.

Le jour de la fête, de bon matin on se rend en foule au cimetière. Chaque famille visite le tombeau de ses ancêtres et l'on y prie en langue kabyle pour les défunts, c'est ce qu'on appelle : *tsar'en lmârouf*. Ce sont des souhaits et des invocations. Et l'on y fait l'aumône.

Il y a ensuite la prière publique à la Mosquée. L'on n'y voit prier que des hommes et quelque vieilles femmes ; car il est à noter que les jeunes femmes et les enfants n'ont pas en général l'habitude de prier. Le marabout y lit un morceau de Coran et fait un prône *lkhateb*.

A la sortie de la mosquée se fait le *mr'afer*, c'est-à dire le baisement des mains, en signe de pardon mutuel. La haine entre ennemis cesse d'exister jusqu'au lendemain. Puis les parents et les amis se visitent en se donnant comme cadeaux une sorte de beignets appelés *sfendj* ainsi que des espèces de pains ronds levés appelés *lmedloà*.

On donne encore comme cadeaux des dattes, des raisins secs, etc.

La fête dure trois jours et c'est un péché de travailler pendant ces jours. Celui qui travaillerait alors serait sujet aux convulsions.

Le premier jour seul est une fête religieuse. Ce jour-là, le marabout n'est pas oublié : chaque famille lui apporte à la Tajmaht des sfendj, des figues, des mesures d'orge ou de blé, etc. Mais il n'y a aucune loi qui détermine la quantité d'aumône à faire au marabout : chacun donne ce qui lui plaît.

Les pauvres non plus ne sont pas oubliés ce jour-là. Dès l'aurore, après que les gens se sont entretenus au cimetière avec les âmes des défunts, qui, d'après eux, reviennent en ce jour aux tombeaux, il y a eu distribution du couscouss, des grains, des figues, etc... à tous les pauvres présents : c'est ce qu'on appelle *lfedra*, le déjeuner.

Depuis la petite fête qui termine on couronne le Ramadan jusqu'à la grande fête il y a deux mois et dix jours. Il paraîtrait que les Kabyles regardent ces deux mois et dix jours comme un temps prohibé pour la célébration des noces.

Laïd Tamqorant

La grande fête dure quatre jours pendant lesquels le travail est défendu.

Au dire des Kabyles, ces quatre jours ont été institués pour que toute la famille puisse être au complet le jour où l'on égorge le mouton. Toujours est-il que les Kabyles, employés dans les villes, sacrifient tout, même leur place, pour pouvoir assister chez eux à l'immolation du mouton.

La veille de la grande fête se passe comme celle de la petite fête : outre la lessive et l'application du henné, il y a le marché dans lequel le pauvre qui n'a pas de mouton à égorger, achète de la viande.

As niqorrai

On nomme ainsi le premier jour de la grande fête parce que c'est en ce jour qu'on mange la tête du mouton. On l'appelle encore *tsimezlioul*: immolation parce que c'est en ce jour qu'on l'égorge.

Le deuxième jour c'est le tour du cœur et des entrailles ; on l'appelle *as n tefouadin*.

Le troisième jour on entame ce qu'ils appellent *ameslokh*, le corps du mouton, on l'appelle *as n ir'san*, jour des os.

Le quatrième jour, on finit de manger le mouton et on l'appelle *meqlâ*: c'est enlevé. S'il en reste quelque chose, on l'étend sur une corde pour le faire sécher au soleil et pour le conserver.

Le premier jour seul ont lieu les cérémonies religieuses de la fête. La prière publique se fait à la mosquée, puis a lieu le baisement des mains (*lmr'afera*) comme à la petite fête. Vient enfin le sacrifice du mouton fait par chaque père de famille; mais pour égorger le mouton, tout le monde doit attendre que le marabout ou le cheikh de la mosquée ait égorgé le sien.

De plus, si on espère que, pendant l'un des quatre jours que dure la fête, l'un des membres absents reviendra à la maison, on attend son retour pour égorger le mouton.

Voici comment se fait le sacrifice du mouton : le maître de la maison prend le couteau et fait la prière suivante que tout Musulman doit savoir par cœur :

Hada laïd Sounna.	C'est la fête rituelle.
Houa ioum nah'ari.	C'est le jour du sacrifice.
Qbel ha, ia Rebbi	Agréez-le, ô Seigneur des
ala (...)	mains de (nom du sacrificateur)

Kima qebelt.	Comme vous l'avez agréé.
Ala Sidna Ibrahim lkhalil.	Des mains de Sidna Ibrahim Lkhalil.
Bismillah !	Au nom de Dieu !
Allah ou Kbar !	Dieu (est) Grand !

Les Kabyles disent de ceux qui font cette prière : *tsehouberen akrar* : ils sanctifient le mouton. La prière achevée, le mouton est égorgé, ayant la tête tournée vers l'Orient.

La Tâachourt

Elle tombe un mois et dix jours après la Grande Fête et elle ne dure que deux jours.

La veille au soir, il y a de la viande et l'on fait, chacun selon ses ressources, un grand repas appelé *tiggoura ljennet* (les portes du Paradis). On donne encore ce nom à la Fête.

Si la pluie vient à tomber le matin de la *Tâachourt* on l'appelle *eau de Zemzem*, c'est-à-dire qu'elle est aussi bonne et aussi salutaire que l'eau vénérée de *Bir Zemzem* de la Mecque. Aussi les femmes en font-elles provision.

En ce jour, les enfants riches ou pauvres, vont de maison en maison demander des cadeaux. Les pauvres ne sont pas oubliés non plus : outre les aumônes faites au marché, il y a le *seksou gouzeqaq*, c'est-à-dire qu'on porte, sur la rue ou à la *tajmaht*, des plats de cousconss dont se régalent les pauvres.

Le soir, tout le monde, hommes, femmes, enfants, va visiter les reliques d'un saint marabout du pays : c'est ce qu'on nomme *ziara lmeqam* (visite des reliques). Ces reliques se trouvent dans un tombeau qu'on a ordinairement entouré d'une construction couverte et enjolivée : le tout s'appelle *le marabout*.

Le plus souvent dans ces lieux sacrés, il y a un collecteur d'offrandes, un marabout ou un homme de confiance. Celui-ci en recevant l'aumône du pèlerin doit lui répondre *que Dieu exauce ses vœux*.

Les ressources qui proviennent de ces aumônes sont destinées à réparer ou à embellir l'édifice où se trouvent les reliques.

Dès Beni Abbès (Constantine) jusqu'à Aumale et bien au-delà encore, ce jour-là, on va en pèlerinage aux Hannifs. Les femmes y sont admises ; aussi, d'après des fonctionnaires français, dignes de foi et témoins de ces scènes scandaleuses, ce lieu de pèlerinage ne serait qu'un infâme lieu de débauches.

Elmouloud

Cette fête qui tombe deux mois et dix jours après la *l'aachourt*, ne dure qu'un jour.

La veille a lieu la lessive et l'application du henné, et on tire des coups de fusil pendant la nuit.

Le jour de la Fête, il n'y a pas plus qu'à la *Tâachourt* de prière publique ni de sacrifice de mouton. Il n'y a même pas d'aumône. Il y a simplement le marché où l'on se procure de la viande et où les enfants achètent surtout des pétards.

Les femmes poussent des cris de youyou et dansent chez elles en l'honneur de ce qui s'appelle *tamar'ra nebi*, la noce du prophète. D'aucuns l'appellent : *laïd nebi*, la fête du prophète.

Les Anges mêmes, disent les Kabyles, tressaillent d'allégresse ce jour-là.

En résumé, *Elmouloud* n'est guère qu'une fête de réjouissance où la piété n'a aucune part.

Cependant les malades visitent les reliques d'un marabout.

La nuit d'*Elmouloud*, il existe en Kabylie la coutume suivante : les femmes qui désirent avoir un fils, portent à la mosquée du village ou à une mosquée voisine où sont vénérées les reliques d'un marabout, des cadeaux en huile, en figues, etc..., que reçoit le marabout, chef de la mosquée.

Petites Fêtes

Elles sont au nombre de cinq : *Qçam larzaq, sebâa ou âchrin rajeub, sebâa ou achrin Ramdan, amzouarou ne Rebiâ, imensi ouceggouas.*

Qçam larzaq (partage des biens)

La nuit de *Qçam larzaq,* on fait usage du henné. Puis il y a le repas de nuit, lequel repas doit être le plus copieux possible parce que c'est cette nuit que Dieu fait le partage des biens pour toute une année par l'intermédiaire de l'ange Gabriel. Il paraîtrait que l'ange inscrit dans un grand registre les noms de ceux qui seront heureux ou malheureux pendant une année.

Sebâa ou âchrin Rajeub
(le 27e du mois de Rajeub)

Cette fête tombe vingt-sept jours avant le Ramadan. C'est comme un avertissement pour se préparer au Ramadan. Il n'y a rien de remarquable dans cette fête.

Sebâa ou âchrin Ramdam
(le 27e jour du Carême)

Cette fête tombe trois jours avant la petite Fête. Il y a marché dans chaque tribu.

Aux Beni Abbès (Constantine), on va en pélerinage aux Hannifs et l'on en revient pour la petite Fête.

Amzouarou ne Rebiâ

Il n'y a rien de remarquable si ce n'est qu'on fait une omelette où l'on mélange avec les œufs des fèves, etc... le tout cuit dans du feu que l'on fait avec les racines d'une plante, appelée *adrïess*, dont les feuilles ressemblent assez à celles d'un oignon. De plus, les enfants vont, par groupes, se rouler sur l'herbette.

Imensi ouceggouas
(le 1er de l'an)

D'ordinaire on se souhaite la bonne année entre parents et amis. Il paraît que dans la tribu des Beni Aïdels (Bougie), chaque famille se fait ce jour-là un devoir d'égorger un coq.

Ailleurs, il n'y a rien qui mérite d'être signalé.

Epilogue

Parmi les superstitions citées, il y en a qui ne sont connues que dans certaines tribus. Cependant elles ont été choisies entre mille pour démontrer que le peuple kabyle est superstitieux.

Comment la France arrivera-t-elle à détruire tous les préjugés de ce peuple ainsi que toutes ses superstitions? Sa tâche est difficile mais non impossible. Toujours est-il que les deux moyens employés jusqu'ici paraissent excellents : les écoles et l'œuvre des hôpitaux.

Les écoles, tout en forçant, comme du temps de l'Afrique romaine, le peuple vaincu à apprendre la langue du peuple vainqueur, dissipent des milliers de préjugés dont est nourri l'esprit de l'indigène au sujet de l'Européen.

Les hôpitaux, de leur côté, sont une œuvre de bienfaisance qui montre aux Musulmans que l'Européen est charitable et qu'il ne demande que l'union entre tous : *vainqueurs* et *vaincus*.

Puisse cette union s'accroître de jour en jour et le peuple kabyle ne former avec nous que la grande nation française !

TABLE

Des Presses   MONTPELLIER
De la Manufacture de la Charité   Quartier de la Pierre-Rouge

www.ingramcontent.com/pod-product-compliance
Ingram Content Group UK Ltd.
Pitfield, Milton Keynes, MK11 3LW, UK
UKHW021432090726
13657UKWH00003B/1043